中国古代选举制度

◎主编 金开诚
◎编著 郭 强

吉林文史出版社
吉林出版集团有限责任公司

图书在版编目（CIP）数据

中国古代选举制度 / 郭强编著 . —长春：吉林出版集团有限责任公司，2011.4（2022.1 重印）

ISBN 978-7-5463-4971-8

Ⅰ . ①中… Ⅱ . ①郭… Ⅲ . ①选举制度 – 研究 – 中国 – 古代 Ⅳ . ① D691.3

中国版本图书馆 CIP 数据核字（2011）第 053422 号

中国古代选举制度

ZHONGGUO GUDAI XUANJU ZHIDU

主编/ 金开诚 编著/郭 强

项目负责/崔博华 责任编辑/崔博华 邱 荷

责任校对/邱 荷 装帧设计/李岩冰 董晓丽

出版发行/吉林文史出版社 吉林出版集团有限责任公司

地址/长春市人民大街4646号 邮编/130021

电话/0431-86037503 传真/0431-86037589

印刷 / 三河市金兆印刷装订有限公司

版次 /2011 年 4 月第 1 版 2022 年 1 月第 5 次印刷

开本/ 650mm×960mm 1/16

印张/9 字数/ 30千

书号/ ISBN 978-7-5463-4971-8

定价/ 34. 80元

关于《中国文化知识读本》

文化是一种社会现象，是人类物质文明和精神文明有机融合的产物；同时又是一种历史现象，是社会的历史沉积。当今世界，随着经济全球化进程的加快，人们也越来越重视本民族的文化。我们只有加强对本民族文化的继承和创新，才能更好地弘扬民族精神，增强民族凝聚力。历史经验告诉我们，任何一个民族要想屹立于世界民族之林，必须具有自尊、自信、自强的民族意识。文化是维系一个民族生存和发展的强大动力。一个民族的存在依赖文化，文化的解体就是一个民族的消亡。

随着我国综合国力的日益强大，广大民众对重塑民族自尊心和自豪感的愿望日益迫切。作为民族大家庭中的一员，将源远流长、博大精深的中国文化继承并传播给广大群众，特别是青年一代，是我们出版人义不容辞的责任。

《中国文化知识读本》是由吉林出版集团有限责任公司和吉林文史出版社组织国内知名专家学者编写的一套旨在传播中华五千年优秀传统文化，提高全民文化修养的大型知识读本。该书在深入挖掘和整理中华优秀传统文化成果的同时，结合社会发展，注入了时代精神。书中优美生动的文字、简明通俗的语言、图文并茂的形式，把中国文化中的物态文化、制度文化、行为文化、精神文化等知识要点全面展示给读者。点点滴滴的文化知识仿佛繁星，组成了灿烂辉煌的中国文化的天穹。

希望本书能为弘扬中华五千年优秀传统文化、增强各民族团结、构建社会主义和谐社会尽一份绵薄之力，也坚信我们的中华民族一定能够早日实现伟大复兴！

目录

一、选举制度的渊源

中国古代选举制度既是选拔人才的制度，同时又是一种选官制度和文化制度。它经历了远古时代的“禅让制”、封建贵族的“世袭制”、两汉的“察举制”、魏晋南北朝时期的九品中正制及隋唐明清的“科举制”等发展阶段。大致分为以隋唐为分界线的“荐举”与“科举”考试选拔官吏的两种制度。

“万般皆下品，唯有读书高。”在九品

中正制基础之上发展而来的科举制，始于隋，确立于唐朝，完备于宋朝，兴盛于明、清两朝，废弃于清末，作为一种曾经“最不坏”的官僚选拔制度，历经一千三百余年，其历史之长，影响之大，可谓家喻户晓，妇孺皆知。它对于社会的稳定，各民族的团结和融合，中华文明的传播和建设，特别是对儒家文化和古代教育的促进和发展都曾产生过巨大影响。

源远流长的中国历史蕴涵着辉煌灿

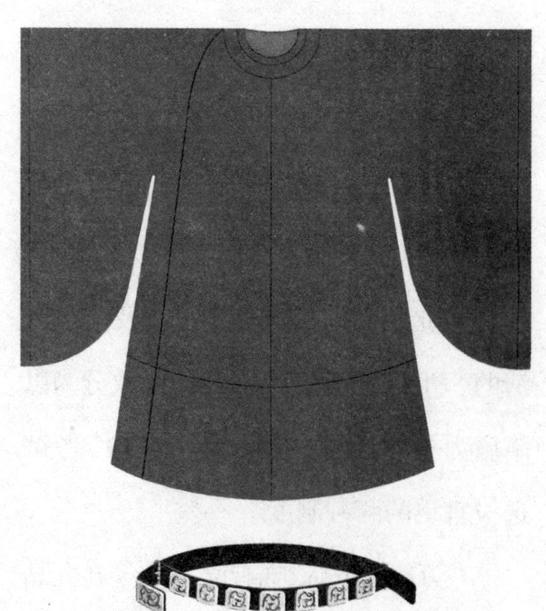

烂的政治文明，选举制度是其重要的组成部分。与西方现代选举制度相比，作为培养、选拔和任用士人为政府官员的中国古代选举制度，是独特的完整的有机体系。在每一个历史阶段都有其特定的模式，而且，这一模式总随着社会历史的进步而不断发展前进。在近现代中国历史进程中，西方现代选举制度和中国古代选举制度在冲突、碰撞和融合中共同推动着制度改革和社会发展。今天，对中国古代选举制度进行研究，仍然有一定的借鉴意义。

(一) 两汉以前的选举制度

我国古代的选举制度，因时代不同，方法各异。如果将原始社会推举首领也列入其中的话，可以说原始社会实行的是“选贤任能”的民主制度；夏、商、周时期，实行的是所谓“世卿世禄”制，但有些统治者也采取“举贤才”的特殊措施；战国时期，各国国君采取的是“军功”和“养士”的办法；选举制度正式开始于汉代，主要通过“征辟”和“察举”两种方式选拔人才；魏晋南北朝时期，采用的是九品中正制；隋唐至清，都实行科举制度，即所谓“开科取士”。它们之间均有

渊源关系。

1.原始社会的“选贤任能”

在“天下为公”的原始社会，生产力水平极为低下，决定了必须实行集体劳动和生产资料、生产产品公有制。当时，社会的基本组织形式是氏族和部落。出于社会分工的需要，人们推选富有生产经验的劳动能手和具有指挥才能的人充当部落的组织者、管理者和保卫者。即部落的首领必须贤(贤德)能(能力)兼备并由民主选举产生。如果他们工作不称职，群众可以罢免他。这就是原始社会“选贤任能”的民主制度。著名的尧、舜、禹禅让就是这一时期的产物。

2.夏、商、周时期的“世卿世禄”和“举贤才”

夏、商、周时期，大同之治转为小康之治，“公天下”转为“家天下”。在奴隶制的夏、商、周时代，奴隶主阶级为了巩固自己的统治，将所有官吏由奴隶主贵族按自己亲属血缘关系的远近来加以分封，当时主要官吏都是世袭的，这种官吏的任用方法叫做“世卿世禄”制。由于这种制度有很大的寄生性和腐朽性，而成为国家机器中的腐蚀剂，所以有些统治者为了要使国家机器有效地运转，便采取“举贤才”的特殊措施，从才华出众的平民和奴隶中选拔人才，让他们补充到政权中来。商代著名的丞相伊尹就是以奴隶身份被任用为官的。

3.战国时期的“军功”和“养士”

战国时期，中国逐渐进入封建社会，

代表新兴地主阶级政治力量的“士”阶层已开始登上历史舞台。他们虽然出身不同，但都刻苦学习文化知识，熟悉当时形势，敏锐果断，敢于担负革新政治、经济、军事和处置外交政策的重任。各国国君为了在大动荡中保持和发展自己的势力，莫不以“礼贤下士”的姿态招揽人才。

当时国君选用官吏，主要采取两种途径，一是“养士”，一是“军功”。国君平时常招集一批有学问有才干的人，供养在自己身旁。这些人，一般都是贵族出身，称为“士”，国君供养他们，就叫做“养士”。国君随时可以从这些“士”中选取适当的人，分派官职。另外，各国君主也从有军功的人中选拔官吏，按功劳

秦始皇帝

的大小赏给官爵；称为“军功”，有的国君还任命别国的人担任自己国家的要职，称为“客卿”。

秦始皇统一中国和建立秦王朝以后，认为“养士”和“军功”制有碍于中央集权的加强，于是采取各种措施予以削编。又实行察举(即由下而上推选人才)、征辟(由上而下选任官吏)，叔孙通以文学被征

聘就是证明。但这种选官办法未及发展成型，秦朝已在农民起义的打击下灭亡了。

（二）两汉时期的察举和征辟制度

“秦时明月汉时关，万里长征人未还。”经历了秦始皇攻灭六国和汉初重新统一中国的战乱之后，中国社会终于从戎马倥偬的岁月跨入大乱之后的大治时代。除了以军事拓展边关、巩固西域边陲之外，汉代统治者还十分注重文化方面的

建设。在制度创设上，他们也显示出汉族先民敢作敢为的豪迈气魄，构想了一些立国的宏伟规划，如察举和征辟，便是在人才选拔方面开创了中国文明史的新纪元。

1.察举制

西汉初年，官吏的选举主要有两种途径：一是沿袭秦代的军功爵制；二是选自郎官。郎官是皇帝身边的侍卫集团，一部分来自家赀（资）富有的子弟，称为“赀选”；一部分多由任职三年以上(并且俸禄在两千石)官员的子弟充任，称为“任子”，这种选官制度不能适应日益加强的专制王朝的需要。为了加强中央集权，巩固扩大西汉的统治基础，重建专制主义中央集权的封建国家，就需要大量的人才，察举、征辟之制应运而生。

所谓察举，又称荐举，是根据皇帝诏令所规定的科目，由中央和地方的高级官吏察访人才，举荐朝廷，并对被举荐者

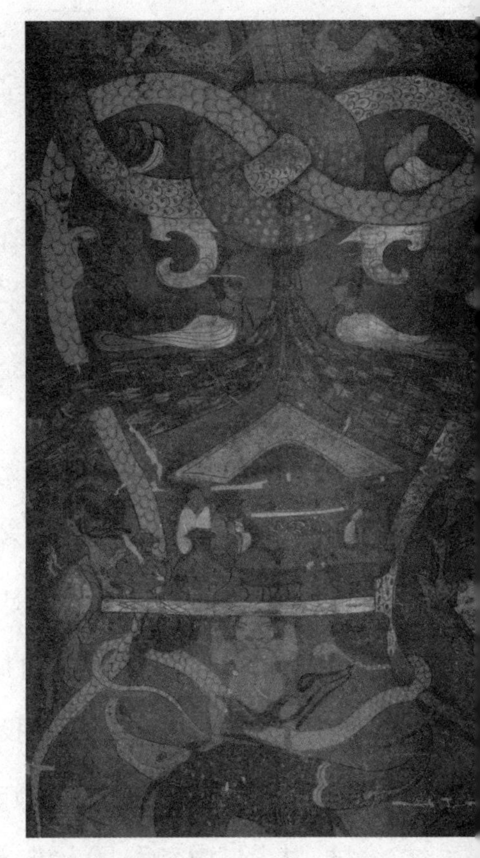

采用“策问”的方式进行考试的一种选官制度，是西汉选用官吏最主要的途径之一。察举可分诏举与岁举，诏举是皇帝下诏选取特殊人才，岁举是地方长官定期定员向朝廷推荐人才，二者都是由下向上推选人才的制度。汉代选官以“乡举里选”为依据，体现的是尊重乡里舆论对士人德才评判的权威性。察举的科目主要有贤良方正、孝廉、太学博士弟子、茂才异等及特举特科等。后来察举孝廉一科又分为操行、通经、明法、才略四科。有时皇帝对于贤良方正等用“对策”“射策”的方式进行考核。察举制从汉高祖刘邦时期开始，到西汉中期武帝时期渐成定制。

察举制从程序上讲，先由各级地方官吏向朝廷举荐人才，并以此作为地方官吏的重要职责之一。之后再进行“策问”考试。所谓“策问”，分两种方式进行。一是“对策”，即由皇帝根据当时的政治、经

济、军事、文化等方面的情势提出问题，写在“策”(竹简)上，应试者据此做出书面答案，是谓“对策”；二是“射策”，就是把各种疑难问题写在竹简上，由应试者用箭投射简策，根据所投射中的简策回答问题。这是一种抽签方式的口试、笔试。从考试内容(科目)上讲，初为举荐“贤良方正能直言极谏者”。西汉惠帝时，汉朝在各郡县推选“孝悌力田”者，中选者给予免除本人徭役的优待，用以“导率”乡人。西汉文帝时诏举要能“明于国家大体，通于人事之始终及能直言极谏者”，并按考试成绩区分高低等第。

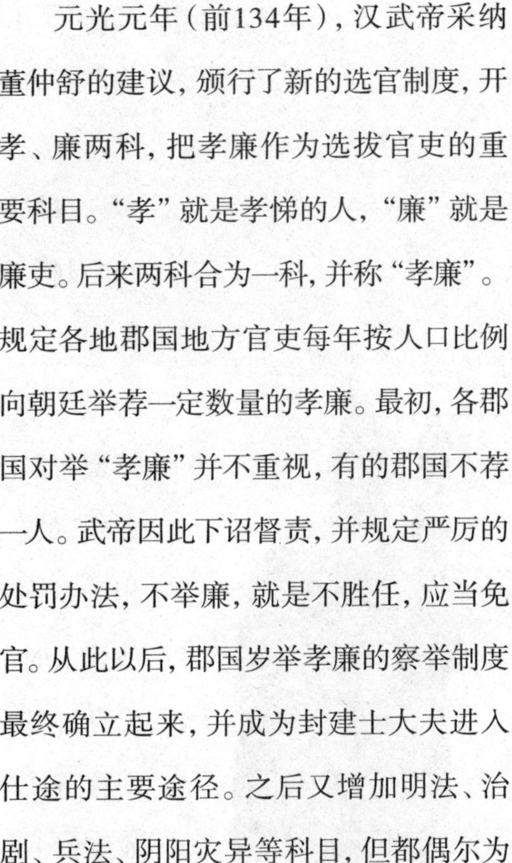

元光元年（前134年），汉武帝采纳董仲舒的建议，颁行了新的选官制度，开孝、廉两科，把孝廉作为选拔官吏的重要科目。“孝”就是孝悌的人，“廉”就是廉吏。后来两科合为一科，并称“孝廉”。规定各地郡国地方官吏每年按人口比例向朝廷举荐一定数量的孝廉。最初，各郡国对举“孝廉”并不重视，有的郡国不荐一人。武帝因此下诏督责，并规定严厉的处罚办法，不举廉，就是不胜任，应当免官。从此以后，郡国岁举孝廉的察举制度最终确立起来，并成为封建士大夫进入仕途的主要途径。之后又增加明法、治剧、兵法、阴阳灾异等科目，但都偶尔为

之，并不重要。更主要的是要求应举者通晓儒家的诗书礼乐，对策能引经据典，富于文采。汉学因此而兴盛，国家的统一和中央政权的巩固也因以儒学为核心的封建专制主义的意识形态的强化而进一步发展。

另外，汉武帝也注重德才兼备的开拓型的人才，不论出身，只要是“有非常之功”的“非常之人”，他就破格任为“将相”或“使绝国者”(出使外国)。因此，在他统治时期人才济济，比如破格录用了出身贫寒的主父偃和朱买臣，从牧羊人中提拔了卜式，从商贾中擢升了桑弘羊，在奴隶群中发现了大将卫青，在降虏中任用了金日磾。加上公孙弘、韩安国、郑当时、董仲舒、苏武、张骞、司马相如、司马迁、霍去病、霍光等，形成了“汉之得人，于兹为盛”的局面。正因为有这样一批文才武将，才使汉武帝时期成为我国封建社会中一个辉煌时代。

2.征辟制

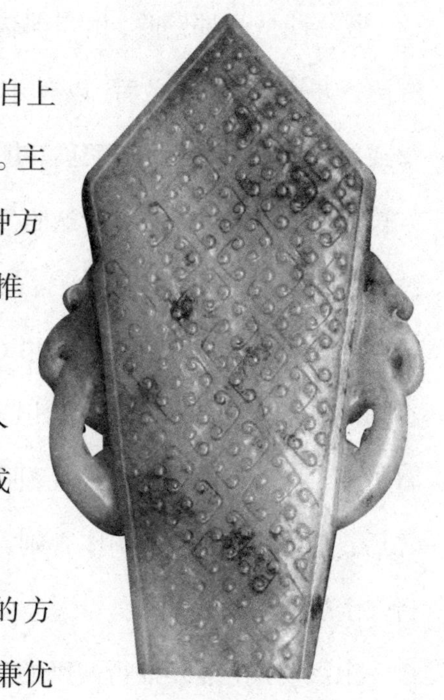

所谓征辟，是皇帝和高级官吏自上而下选拔官吏任用属员的一种制度。主要有皇帝征聘与公府、州郡辟除两种方式。高级官吏把有声望、有才干的人推荐给朝廷，由皇帝聘任为官的称“征聘”或称“征”，由地方高级官吏将人才聘为自己幕僚属官的称“辟除”或称“辟”。

皇帝征聘是采取特征与聘召的方式，选拔某些有名望、有才干的品学兼优的人士，或备顾问，或委任政事。皇帝征聘，为汉代最尊荣的仕途，被征者来去自由，皇帝不能强制；且征聘之后，地位也不同于一般臣僚，大都待以宾礼。

辟除是高级官员任用幕僚属吏的一种制度。汉代辟除官吏有两种情况：一种是三公府辟除，试用之后，由公府高第或由公卿荐举与察举，可入朝廷做官或外长州郡，因此公府属官位虽低，却易于显达。另一种是州郡辟除，由州郡佐吏，因资历、功劳，或试用之后，以有才能被荐举或被察举，亦可升任朝廷官吏或任地方长吏。公府与州郡有自行选官之权，而被辟除的属吏又不为朝廷命官，故去留亦可以自便。如不应辟，也不能加以强迫；否则，要受到舆论的非议。尤其是州郡辟召是当时比较自由的仕宦途径，而且辟除之后，主官即当加以重用；否则，气节志行之士就会主动辞职。

东汉时期，继续推行西汉的察举、征

辟制。那时，虽然名义上被察举的人必须有“高才重名”，为乡党舆论所推崇。由于士人追求富贵权名只有“入仕”一途，不少士大夫为了博取高官厚禄，贿赂请托，营私舞弊，特权横行，“以族(门第)举德，以位(权位)命贤”。风气日坏，受举荐者多为无真才实学的市井之徒。察举、征辟制渐趋败坏。至东汉末年，察举、征辟制已败坏不堪，民间流传着“举秀才，不知书；察孝廉，父别居；寒素清白浊如泥，高第良将怯如鸡”的谚语。

（三）魏晋时期九品中正制的确立

经历过东汉末年农民起义、群雄逐

鹿之后，一批铁血英雄分别建立了各自的王国，历史进入了魏晋南北朝时期。除西晋短暂的统一外，华夏大地或三国鼎立，或南北对峙，三百余年间难得有安宁的时候。不过，就文化的传承而言，此时期却不完全处于黑暗的谷底，也有一批文化大师、科学巨匠诞生。在人才选拔方面，占统治地位的选举制度是九品中正制(或称九品官人法)。

魏晋之际，察举制、征辟制未废，但主要又是通过施行九品中正制来选拔官吏。这是从曹操大胆提拔出身微贱的士人，提出“唯才是举，以备录用”的用人政策开始的。曹操于建安十五年（210年）春下令察举贤能，他在多次发布的“求贤”令中，反复阐明选拔人才的原则和标准，其核心就是任人唯才，而不拘泥于名声、品行，从而为那些才能出众者提供了进身入仕的机会。有许多出身低微但颇具“治国用兵之道”的文武英才，由于实行

“唯才是举”而得到提拔重用。

为了更好地贯彻“唯才是举”这一用人政策，曹丕代汉，废献帝自立为帝之后，采纳吏部尚书陈群的建议，创立九品中正官人法，即九品中正制。其主要内容是：在中央选择“贤有识鉴”的官员，兼任其籍贯所在州、郡的“中正官”（郡设置中正，州设置大中正），负责察访本地士人。“中正官”根据其家世、德行和才能，对其作出等级，称为“品”。品共分为九等，即上上、上中、上下、中上、中中、中下、下上、下中、下下。之后写出概括性的评语，称之为“状”，合成“品状”上报中央。中央有关部门选拔官吏时，主要依据中正对士人评定的品第，授予相应的官职。这种选举制度成为魏晋南北朝时期选拔官吏的重要制度。

九品中正制这一制度是对汉代选官传统的延续，也是对曹操用人政策的继承。初行之时，大小中正官在对士人的考评中比较注重才能，因此体现了“唯才是举”的精神，也确实选拔出一些有用的人才。但到魏晋之交，充当中正官者一般是二品大员，而获得二品者几乎全部是门阀士族，同时大小中正官又与盘踞朝廷的士家大族相勾结，他们完全把持了官吏

选拔之权。

因此，品评人才的标准也就由才德转为门第家世，于是在评定品级时，偏袒士族人物。九品的划分，已经背离了“不计门第”的原则。才德标准逐渐被忽视，而家世门第则越来越被重视，甚至成为唯一的标准，到西晋时终于形成了“上品无寒门，下品无士族”的门阀士族垄断政权的局面。九品中正制成了维护和巩固门阀统治的重要工具，成了保护士族世袭政治特权的官僚选拔制度。到了隋代，随着门阀士族制度的衰落，九品中正制最终被废除。

二、科举制度的创立和发展

天下大势，合久必分，分久必合。中国在三百余年的长期分裂之后，于隋代又复归统一，建立了疆域辽阔的帝国。继隋而起的唐代更是一个国力鼎盛、蓬勃开放的朝代，不仅地大物博，而且具有一种无拘无束、恢弘自然的气象。“大漠孤烟直，长河落日圆”。尤其是在盛唐时期，整个社会政治文化呈现出丰富、绚烂的景象，在人才选举方面，隋唐更是开创了中国历史上的科举时代。

狭义的、严格意义上的科举是以进士科出现作为起始标志的。进士科举在中国延绵了一千三百年，对中国历史上的社会政治、文化教育等各方面均产生了重大而深远的影响。而进士科建立于隋代，因此在中国科举史上，隋代虽然短暂，却占有特别重要的地位。

（一）隋炀帝始建进士科

隋朝统一全国后，隋文帝为了适应封建经济和政治关系的发展变化，扩大封建统治阶级参与政权的要求，加强中央集权，于是把选拔官吏的权力收归中央。据史载，于开皇三年（583年）正月，诏举“贤良”。开皇十五年（595年），正式废除实行了三百多年的九品中正制，开皇十八年（598年）七月，又令京官五品以上的总管、刺史，以“志行修谨”“清平干

济”二科举人。

隋炀帝大业二年(606年)，设置进士科，以试策取人，所谓“进士”，即进受爵禄之义，由于狭义的科举是指进士科举，即从进士科设立之后，以考试来选拔人才任命官职，因此进士科的创立标志着中国古代科举制度的正式形成。

科举与以往的选士制度有承袭关系，但又有重大区别。最突出的区别是，以往的察举和九品中正制都是以主管官员的推荐作为选士的关键，所以又统称荐举；而科举则是以统一考试的成绩作为选士的基本依据，所以考试是科举的核心。

科举制度的创立，是中国古代选官制度的一次巨大变革。“科举”是分科取士之意，它把读书、应考和做官三者联系起来，成为士人仕进的必由之路。由于不

限制应考者的身份，在一定程度上改变了魏晋南北朝以来士族门阀把持仕途的局面，为庶族地主入仕参政开辟了道路。由此扩大和巩固了封建统治阶级的阶级基础，有利于大一统的社会发展。另一方面科举考试使选拔任用官吏有了相对公平的客观标准，一大批具有真才实学的知识分子由此充任各级政府官吏，给国家管理带来了若干新气象，成为中国古代文官制度的有力支撑和文化教育的导向。开凿大运河的隋炀帝，还开通了一条士人应试从政的新渠道，虽然一开始进士科还只是一条并不引人注目的小溪，后来却发展成为最宽阔的仕进主流，一直延续了一千多年，各朝一直沿用不废，遂被认为是开创了一个科举时代。

（二）唐代的科举发展

推翻隋朝的统治后，唐王朝承袭了隋朝传下来的科举制度，并使这一制度进一步发展。

1.生徒和乡贡

唐代参加科举考试的考生主要有“生徒”和“乡贡”两种，他们是科举者

的主要来源。由于唐代以来官学、私学教育的不断昌盛，培养了大量具有较高文化素质的人才。例如贞观以后，中央有国子监(下属有国子学、太学、四门学、律学、书学、算学等六学)、弘文馆、崇文馆，地方有州学、县学。仅国学生就有八千余人。每年冬天，国子监、弘文馆、崇文馆以及各州学、县学都要将经考试合格的学生送尚书省参加考试，这些来自学校的考生是参加科举的重要力量，

被称为“生徒”。不在学校学习而自学有成就者,可向州、县“投牒自举”。也就是以书面形式提出申请,经考试合格,由州送尚书省参加考试。这些考生每年十月随地方向京师进贡的粮税特产一起解赴朝廷,所以称之为“乡贡”。州县考试称为“解试”,解试获第一名的称为“解元”。尚书省的考试通称“省试”,或“礼部试”。礼部试都在春季举行,故又称“春闱”,“闱”也就是考场的意思。

2.常举

唐代科举考试的科目很多,大体可分为常举和制举两类。常举是固定时间举

行的固定科目选士，制举则为皇帝临时根据需要下诏开科选士。由于常举和制举选拔人才的目的不同，因此在考试内容、考生来源、考试方法上有很大区别。而常举以其长期性、固定性的优点成为科举中最重要的部分。我们通常所说的科举，指的就是常举。

常举的科目，在不同时期也不尽相同。其主要有秀才、明经、进士、明法、明书、明算、一史、三史、开元礼、道举、童子等科。其中常设的仅有明经、进士两科。此两科最初考试内容大致相同，主要是试策、帖经。后来两种考试的科目虽有变化，但基本精神是明经重帖经、墨义，进士重诗赋。

明经科始设于隋代，唐代正式确立该科的地位。明经科考试最初仅考时务策，唐高宗(650—683年在位)时增加帖经，到唐玄宗(712—756年在位)时增加墨义，并最终定型为帖经、墨义、时务策三场考试制度。

所谓帖经，是指考官任取经书的一页，将左右两边遮盖，中部只露出一行，另用纸盖住三五个字不等，要求被试者将

所盖的字填出来，有些类似于今天的填空。每十帖答对六个以上的算及格。

所谓墨义，是考经文及注疏，初为口试，称为“口义”。后因容易被人作弊，改为笔试，故名墨义。这种方法比较机械，考官出题时经常会找一些生僻的句子，而考生也发现了考官出题的这一规律，因此也就把心思放在如何押题上，反而对经书中的本义根本不加重视和了解。

所谓时务策，是指考官出一道有关政治、经济、军事、教育等方面的问题要考生作答，颇似如今的论述题，这是考试的最关键部分，比起帖经、墨义来难度更大，有的也还有一些实用价值。一些优秀的考生能够脱颖而出的原因，就在此处。

明经这种考试方法，以帖经墨义为主，注重儒家经典的背诵，在于测验考生对经典死记硬背的功夫，无法

涉及对精神义理的理解，更谈不上个人有什么见解发挥，无助于启发人的聪明才智。有些考生把经书及注解背得滚瓜烂熟，却对精神义理茫然无所知，因此明经科较之进士科，始终为人所轻视。不过，由于是死记硬背，因此，在唐代常举各项科目中，明经科取士最多，每年约百名左右，而进士科每年不过三十名，所以明经一科是入仕要途。但是，最荣耀尊贵的却是进士科的及第者。

进士科最早设于隋炀帝大业年间(605—617)，唐代继承隋制，于唐高祖武德四年(621年)正式开进士科取士。唐太宗贞观八年(634年)，进士科加试读史

书一部，唐高宗调露二年(680年)，进士科加试帖经，唐高宗永隆二年(681年)，进士科加试杂文。至唐玄宗天宝年间(742—756)，唐代进士科最终实行帖经、杂文、时务策三场考试制度。

帖经的考试与明经科相同，但难度低于明经科，时务策的考试内容涉及国家现实问题，使读书人从书堆中爬出来，面向社会，观察思考问题，设计解决办法。从汉代以来，选拔人才即用策问方式，不失为一种较好的办法。但行之既久，题目未免陈陈相因。而对于绝大多数来自乡贡、生徒的考生来说，他们还没有什么从政治国的经验，往往也只能对着试题发些空洞的议论。于是社会上一般士人就拼命收集历年考试的策题和及第者的对策文章，研习揣摩，熟记硬背，上场后临时拼凑应付。

进士科考试最关键的一场是杂文二首。所谓杂文，泛指诗、赋、铭、表、赞之类。到唐玄宗开元年间，杂文二首便明确为诗、赋各一首。完全是测验应试者的文学才华。因此，唐人把进士科称为“词科”，后世也称唐朝“以诗赋取士”。

由于经文全赖背诵，诗赋则需发挥，因此，中明经易，中进士难。每年录取进士名额为三十人左右。与明经科录取百人左右相比，考进士要难得多。能考取进士者一般都是有真才实学的才子，许多人

穷其一生精力，也不能得中。所以当时有“三十老明经，五十少进士”的说法。大诗人白居易27岁得中进士，作诗云：“慈恩塔下题名处，十七人中最少年。”像他不到而立之年就得中进士的实在是少之又少。

秀才科在汉代已有，隋时得以正式确立。唐初继承隋制，以秀才科作为考试的最高科目。要求对有关国家的大政方略问题作策论五篇，旨在选拔一些具有宏观全局意识的高级人才，因此对考生要求非常高。如果被推荐参加秀才科考试未被录取，考生所在州的州长还要受处分，以至于后来参加考试人数非常少，到唐高宗时便废除了此科。

由于秀才科科第最高，取人又非常严格，所以及第人数极少。从唐高祖武德五年(622年)到唐高宗永徽元年(650年)。唐政府共举行

过二十一次秀才科考试，共录取二十九人。

明法科是为唐王朝选拔法学人才，属专业性的科目。明法科首次开科时间约在唐高祖武德五年(622年)以后。

明书科又称“明字科”，属于小学、文字科，主要考《说文解字》《字林》等，旨在选拔对书法、文字有专长的人才。

明算科属于数学科，考试内容为两类。一是试算学，考《九章算术》三条，

包括《海岛算经》《孙子算经》《五曹算经》《张丘建算经》《夏侯阳算经》《周髀算经》等内容。另一个是试《缀术》《缉古算经》。旨在选拔精通算术的数学人才。

一史：指《史记》，旨在选拔精通《史记》的人才。

三史：指《史记》《汉书》《后汉书》。主要是选拔精通《史记》《汉书》《后汉书》三部著作的全面人才。

开元礼是对唐玄宗开元年间修成的《大唐开元礼》内容进行的考试。主要是关于礼仪制度方面的考试。

道举只在唐玄宗在位时实行过，主要考《老子》《庄子》《列子》等道家典籍。

凡十岁以下能熟习一部经书以及《孝经》《论语》的儿童，可以参加童子科考试。能背诵七卷的可授予出身；能背诵十卷的可以授官。韩愈的《送张童子序》称童子张某仅九岁，可以熟背经书，自州县至礼部试，一举而进，于是就被授予了官职。

3.制举和武举

唐代制举，科目往往临时设置，其中最著名的有贤良方正、直言极谏、博通坟典、达于教化、军谋宏远、堪任将帅、详明政术等科。制举考试的日期和项目都由皇帝临时决定。平民和官员都可以参加制科考试。一般都要考时务策，自唐玄宗以后又加试诗赋。考中后，有官职者升迁，无官职者由吏部授官。

制举是朝廷网罗人才的一种办法，但是往往不为人们所看重，认为非正途出身。张朗兄弟八人，其中七人以进士出身，一人由制举出身，于是大家就不愿和这一“兄弟”坐在一起，称他为“杂色”。应考常科或其他科目得官以后，还可以再应考制科。诗人贺知章，先应进士科，耀选及第，以后又应制科考试。传奇小说《游仙窟》的作者张鷟，进士及第后，又先后七次应不同名目的制科考试，全部登第。许多士大夫之所以在制科、常科间辗转应试，多是为了提高知名度。当然，也有不少人是希望利用这一机会痛陈己见，以补时局。

常科、制科之外还有武举。武举开始于武则天长安二年(702年)。应武举的考生，和明经科、进士科的乡贡一样，由各州选送。不过，武举是由兵部考试，分为平射、武举两科。主要考举重、骑射、步射、马枪等技术，此外对考生相貌亦有要

求，要“躯干雄伟、可以为将帅者”。唐代武举只实行一段时间便停止了，却为后世开创了先例。

4.通榜和行卷

唐代的科举考试不实行糊名、誊录制度，考生的姓名笔迹都明白地摆在卷面上，这给考官在科考过程中舞弊留有余地。为了能录取有真才实学的考生，唐代科举公开采用一种“通榜”的办法，即主考官可以委派专人或亲自调查考生在社会上的才德声望，制成“榜帖”(名单)，以供录取时参考。在调查过程中，社会名流、文坛巨子、达官贵人的推荐和赞誉就非常重要。有时甚至在考试之前，主考官就已经根据“榜帖”内定了及第者。

由于“通榜”制度的存在，以及在唐代，诗风大盛，达官贵人、骚人墨客皆以能诗为荣，考生能否在科考中赋得好诗，对自己的科举成绩影响也非常大。因此考生们常常在应试前多方奔走，最

重要的活动方式就是“行卷”（也称“投卷”）。即考生将自己平时所作诗文择其佳者，投献给当时的名公巨卿、社会贤达，以期望能够得到他们的赏识和帮忙。最著名的例子就是浙江考生朱庆馀的那一首《近试上张水部》：“洞房昨夜停红烛，待晓堂前拜舅姑，妆罢低声问夫婿，画眉深浅入时无？”那位张籍张大人得到此诗，甚为高兴，也作诗一首：“越女新妆出镜心，自知明艳更沉吟，齐纨未足时人贵，一曲菱歌敌万金！”朱庆馀因此诗而得中进士。

当然，像朱庆馀这样的幸运儿还是少的。这种类似走后门的行卷，一方面使得一些权贵势力经常干涉科举；另一方面使一些考生在行卷上弄虚作假，他们或者抄袭别人的好作品，署上自己的名字，或者弄清受卷者的好恶，作些投机文字，竭力巴结权贵，因此让一些并非有真才实学的人能够得中，而一些才华出众

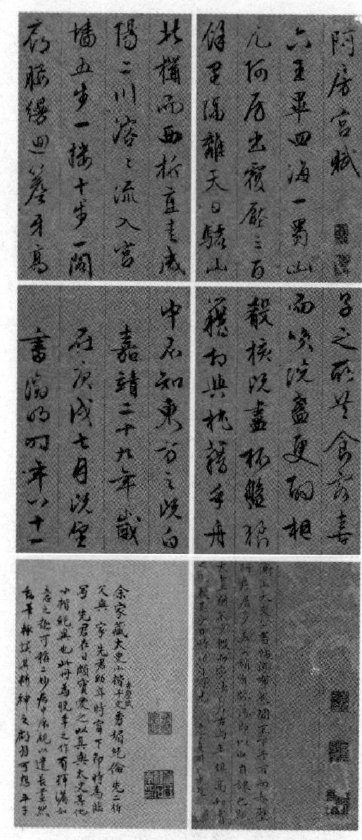

的考生却要名落孙山。大诗人杜牧去参加进士科考，虽然献上了自己的名作《阿房宫赋》而被考官大加赞赏，并且也有其他人推荐，但因为前几名已经事先被安排好了，杜牧不得不屈居第五。

行卷的风气延续至五代仍然盛行。直到北宋实行糊名和誊录制度，阅卷和录取工作都秘密进行时，行卷方才停止。

5.及第与荣誉

常科考试最初由吏部主持，后改由礼部主持。通常士子参加礼部省试后，其文送中书门下省复核，通过后放榜，省试取中称“及第”，或称“登科”“登第”等。进士第一名称“状元”或“状头”。新科进士互称“同年”，主考官叫“座主”“座师”，被录取的考生便是他的“门生”。唐代各科中以进士及第最为显赫，又因当时举子多惯于穿白色麻布袍衫，故进士及第后有“白衣公卿”“一品白衫”的美称。因进士科备受青睐，故当时以进士登科为“登龙门”。意指犹如鱼过龙门而腾空为龙，转瞬间身价百倍。

放榜，有“榜帖”与“张榜”两种。主司以黄花笺写上及第者的姓名，遣人持笺报之，称作“榜帖”，因有金花押其下，故又称“金花帖子”。“张榜”又叫“金榜”（因放榜书以黄纸），即抄录及第人姓名公之于世。因进士放榜多在春二月或三月初，故又有“春榜”之称。放榜后，新科进士们要举行庆贺活动，如曲江宴、雁塔题名等，春风得意，荣宠尽极。

6.曲江宴、雁塔题名

曲江宴，为新科进士最盛大的庆典宴会。设于曲江岸边的杏园，亦称“杏园宴”。正当杏花怒放之时，红杏遂被称为“及第花”。新科进士们还要在同榜人中选出两名最年轻者，充当“探花使”或“探花郎”（后世科举称进士第三名为“探花”，即源于此），骑马遍游长安的大街名园，采摘各种早春鲜花。中唐诗人孟郊的《登科后》是唐诗写“探花”的名作：“昔日龌龊不足夸，今朝放荡思无涯。春风得意马蹄疾，一日看尽长安花。”长安官民游春之众，更为盛宴增添欢乐气氛。公卿豪贵之家也“钿车珠鞍，栉比而至”，在新科进士中选择东床快婿。

雁塔题名，也是新科进士们极大的

荣耀。雁塔即今西安大雁塔、俯瞰曲江，是京师最高建筑，当时又名慈恩寺塔。新科进士们登楼眺远，题名留念。所以又把中进士称为“雁塔题名”。白居易及第时，年方27岁。有诗云：“慈恩塔下题名处，十七人中最少年。”

曲江宴与雁塔题名向世人展示了士子及第后的显赫、荣宠，以激励未第士子奋发而为之。同时，它也是一种无言的社会教化，有益于提倡礼教文事，敦促民间的文化学习。

7.释褐试与仕途

当然，科举及第的人，虽可“一举成名天下知”，光宗耀祖，但不意味着士子们马上就被授予官职。若要取得做官的资格，得到实际的官职，还要经过吏部的“选试”，合格的才授予官职，“选试”又称为“释褐试”，即通过“选试”合格的人，可脱去粗布衣而换上官服，离开平民队伍而进入官吏行列。此时，由礼部将及第者的材料移交吏部，再由其进行选试，谓之“关试”，因关试时间一般在春天，故又称“春关”。吏部“关试”考试的内容为身、言、书、判四项，具体就是考查考生的体貌、言辞、书法、批审公文能力四项内容。四项皆合格，可以授予官职，谓之“注官”，然后把全体考试合格者集中起

来，当众点名授职，谓之“唱官”。唐代大家柳宗元进士及第后，以博学宏词，被即刻授予“集贤殿正字”。通过了“关试”的考生一般所授官职在八、九品之间，职位都不太高。如果有的考生在“选试”“关试”时没有被通过或没有参加“关试”，那么他还有两条道路可走，一条就是请权贵为之推荐任某官职，二是到地方藩镇去做一段时间的幕僚，再争取被举荐。韩愈在考中进士后，三次“选试”都未通过，不得不去担任节度使的幕僚，之后才踏进官场。诗人李商隐也曾遭此挫折，他进士及第后，应吏部“选试”未过关，考了两次才得以被授予官职。

癸亥四月倣黄鶴山樵
筆 玄宰

三、科举制度的改革和完善

唐朝灭亡以后，中国进入五代十国时期。战乱频繁，生灵涂炭，科举考试在各小朝廷时行时废。960年，赵匡胤取代后周，建立北宋，很快统一了黄河、长江流域，成为中国继汉、唐以后又一个持续稳定地统治中国主要领域的王朝。

唐末五代十国是封建伦理纲常大破坏的时代。在割据篡逆的混乱中建立起来的北宋王朝，首先就是要重建封建社

会的纲常名教和政治秩序。封建社会后期一直贯彻执行的文官治国原则、尊崇儒学方针和高度中央集权的专制政体，都是在北宋建立起来的。北宋王朝之所以能做到这一点，首先就是因为它恢复了科举考试制度并对其进行了一系列重大的改革，使之比唐代更加发展、完善和定型。

（一）宋代的科举改革

科举制在宋代得到充分的发展和完善，各种规章制度逐步健全，使考试取士走向法制化和规范化，最大限度地减少人为因素的干扰。同时，以“黄袍加身”夺取后周政权的宋朝开国皇帝太祖赵匡胤，深知加强皇权、排除心腹隐患对其坐稳皇帝宝座有多么重要。在科举取士方面，赵匡胤也采取了一些新的措施，使科举考试更为严密和开放，以在更广阔的范围内招揽平民中的优秀人才，巩固其政权的统治基础。因此，科举考试的公平择优原则在宋代体现得较为明显，选拔出来的人才也较为突出。

1.三级考试制度的建立

宋代的科举，基本上沿袭唐代，有贡举（常举）、制举和武举。相比之下，宋代贡举的科目比唐代大为减少，其中进士科仍然最受重视，进士科之外，其他科目总称诸科。宋代科举，在形式和内容上都进行了重大的改革。

宋代确立了三年一次的三级考试制

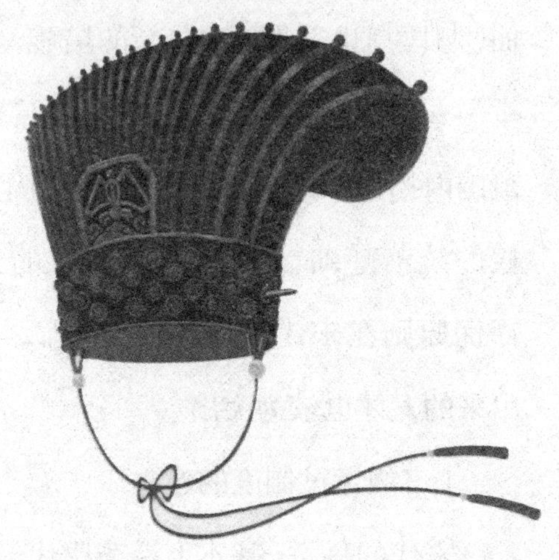

度。宋初的科举，仅有两级考试，一级是各州举行的取解试，一级是礼部举行的省试，宋太祖为了选拔真正有利于封建统治而又有才干的人担任官职，为之服务，于开宝六年(973年)，增加了由皇帝主持的“殿试”，自此以后，殿试成为科举制度的最高一级的考试，并正式确立了州试、省试和殿试的三级科举考试制度，并且在宋英宗时规定每三年开科一次。殿试以后，不再经吏部考试，直接授官。宋太祖还下令，考试及第后，不准对考官称“师门”，或自称“门生”。这样，所有及第的人都成了“天子门生”。实际上，唐代科举考试也是分级进行，只是层次不如宋代清晰，所以一般都认为三级考试制度系宋代首创。这一制度后来又为元、明、清各代的科举考试所借鉴。

州试为最低一级的科举考试。州试前，由各县对报考士子进行考选，而后送至州。州对各县贡来的士子再进行考试，称为州试，又称解试、潜试、发解。经州试送至礼部者叫“得解”“取解”。不经州试而直接送于礼部者称“免解”。各州

为保证贡士的质量，常采取“逐场去留”的淘汰法，取优汰劣，严格把关。

州试时，通常由州通判(朝廷派往各州之官，负责监督知州，并有权和知州共同处理政务)主持进士科考试。考试完毕后，考官须用朱笔批阅试卷，凡回答正确的写“通”，答错的批“不”。考官最后还须在试卷末尾签署姓名，以示负责。凡取中的考生名单及其试卷都要在秋天呈报礼部，并于冬季集中到京城尚书省礼部，这些考生被称为“举子”“贡生”。之后他们须将自己的家世、年龄、籍贯、参加科考的次数等如实写明，呈交礼部。并要十人担保，如果发现有人弄虚作假或者违反科举的规定，考生本人就会被取消考试资格。担保的十个人也会受到处分。

省试是指比州试高一级的考试，各州考试合格者再赴礼部参加考试，礼部属于尚书省，所以称为“省试”。宋代规定，除四川外，其他各州、司都应参加省

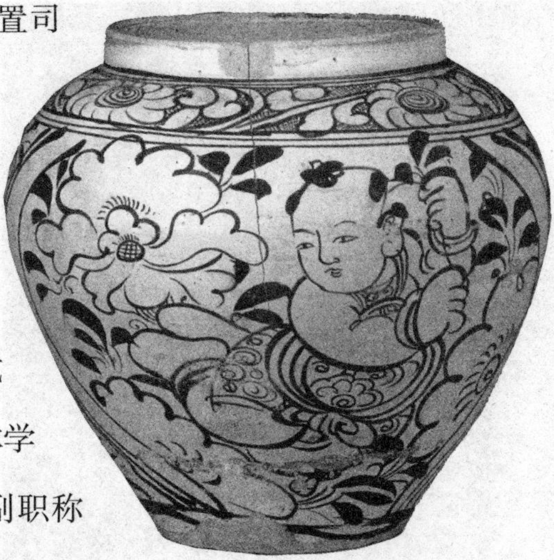

试。四川的考生另由安抚制置司进行考试，这种考试级别相当于省试，所以又称为类省试。类省试合格者可以直接参加殿试。省试一般在春天举行，主持省试的官员往往由六部尚书、翰林学士出任，被称为知贡举，其副职称为同知贡举。

考试完毕，监考官、阅卷官进行评卷。评卷分初阅、复阅两次。成绩合格者，由尚书省张榜公布，第一名称“省元”。落第者可以申请复试一次(南宋时为防舞弊，常对权贵之亲属、子弟考试合格者加以复试)。

殿试又名廷试或御试，即皇帝亲行考问或另派大员在殿廷复试，以甄别升降。殿试源于唐武则天载初元年(690年)，武后在洛城殿前亲自策问贡士，但并未形成定制。宋太祖开宝六年(973年)，

翰林学士李昉知贡举，录取进士及诸科及第者三十八人。宋太祖召对时，发现进士武济川等对问失次，便将他们黜落了。因为武济川是李昉的同乡，引起太祖的怀疑。正在此时，落第举子徐士廉击鼓求见，控告李昉取士不公，请求皇帝亲自殿试，太祖立即采纳，在讲武殿复试举人，结果取进士二十六人、诸科一百零三人。原来李昉取中的三十八人中被黜落十人，李昉也因此受到降职处分。从此，殿

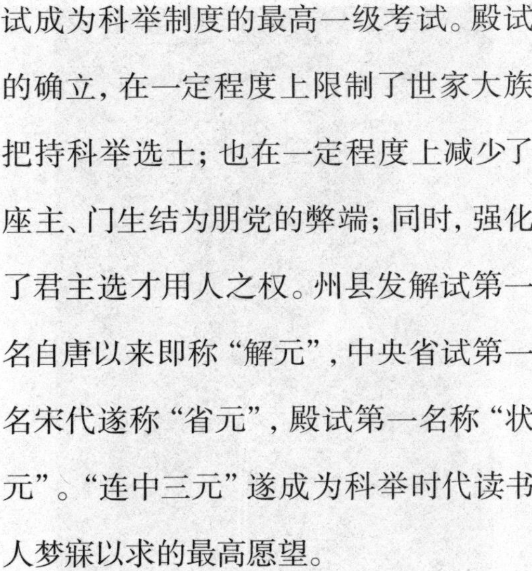

试成为科举制度的最高一级考试。殿试的确立，在一定程度上限制了世家大族把持科举选士；也在一定程度上减少了座主、门生结为朋党的弊端；同时，强化了君主选才用人之权。州县发解试第一名自唐以来即称“解元”，中央省试第一名宋代遂称“省元”，殿试第一名称“状元”。“连中三元”遂成为科举时代读书人梦寐以求的最高愿望。

殿试开始实行时皆有黜落，就是说，许多省试合格的举子。殿试时却名落孙山，几年的辛苦顿时成为泡影，这使落第举子十分伤心，一股怨恨和恼怒之情油然而生，更有些举子为参加殿试变卖了所有家产，一旦落第便无颜回家见父老。于

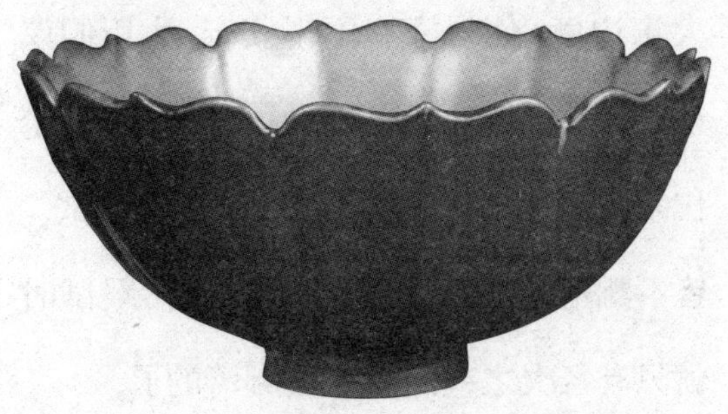

是，京师每次殿试一结束，就有落第举子聚众鼓噪，或投河自尽。甚至有人铤而走险，反叛朝廷。如宋仁宗时，有个叫张元的举子，多次参加殿试均不第，气愤之余投奔西夏，为西夏统治者出谋划策，骚扰大宋边境，使得宋室不得安宁。大臣们议论其祸因，归咎于殿试黜落之制，于是宋仁宗在嘉祐二年(1057年)下诏“进士殿试，皆不黜落”。从此，省试合格之后，殿试时就只有名次之差而没有被黜落的了。

宋代，殿试后有等甲之分。宋太宗太平兴国八年(983年)，将进士分为三甲。宋真宗景德四年(1007年)，又将进士分为五等(学识优长，词理精纯为第一；才思赅通，文理周率为第二；文理俱通为第三；文理中平为第四；文理疏浅为第五等)。一、二等称进士及第，三等称进士出身，

四、五等称同进士出身。北宋殿试前三名均称“状元”（南宋时称第一名为“状元”、第二名为“榜眼”，第三名为“探花”）。殿试后皇帝钦赐新科进士在琼林苑享用宴席，称“琼林宴”。这种赐宴制度还为元、明、清所沿用。取中进士第一名者，由朝廷出仪仗作前导，衣锦荣归，前呼后拥，光耀非凡。

2.科举内容的改革

宋初，考试场数不定，有考三十场、十五场的，还有考七场的。宋仁宗庆历四年(1044年)，范仲淹改革科举考试，定为三场，先策，次论，再诗赋。至宋神宗熙宁四年(1071年)时，王安石推行科举考试新法，废除明经诸科，增加进士名额。进士科不再考诗赋、帖经、墨义，而以考经义、论、时务策为主(所谓经义，与论相似，是篇短文，只限于用经书中的语句作题目，并用经书中的意思去发挥)。把《诗经》《尚书》《周礼》编成《三经新义》，作为经义考试的依据。并把《易官义》《诗经》《书经》《周礼》《礼记》称为大经，《论语》《孟子》称为兼经，定为应考士子的必读书。并规定考试分四场，第一场试本经，第二场试兼经，第三场试论一

首，第四场试时务策三道。后来随着政治斗争的变化，考三场、考四场不断更替，考试内容也不断变化。神宗以后，时而诗赋与经义并试，时而又罢诗赋，专用经义取士，变化不定。

3.弥封和誊录

宋代的科举考试，对阅卷实行弥封和誊录制度。所谓弥封，就是将试卷上的考生姓名、籍贯、家世等记录文字封贴起来，在弥封处加盖礼部压缝墨印，因此弥封又叫做“糊名”。糊名之法最早始于唐代，武则天时，因吏部选举多有不实，便命令应试举人将试卷上的名字糊起来。但是当时并未形成一种制度。宋太宗淳化三年(992年)殿试进士时，根据陈靖的建议，实行糊名弥封；宋真宗景德四年(1007年)省试也实行弥封；宋仁宗明道二年(1033年)诏令诸州发解试也都实行弥封。在实行弥封制不久，又发现考官指使举人在试卷上暗做记号，有时考官还可以

辨认字。因此，又实行了誊录制度，即派书吏将考生的试卷抄录成副本，考官阅卷时只看副本而看不到原本。这就有效地限制了考官的徇私舞弊行为，后来又设立了专门负责抄录考生试卷的誊录院。

弥封和誊录法的实行，使贵族官僚子弟和平民子弟得以被同等对待，贵族、官僚利用科举世袭的特权被取消了。事实证明，弥封、誊录法是中国封建社会中行之有效的考试方法之一，它对选拔人才曾经发挥过积极的作用。但是，到了北宋后期，特别是南宋以后，由于王朝的腐朽，科场舞弊层出不穷，糊名、誊录也就流于形式了。

4.制举、词科和武举

宋代科举考试除了进士科以外。主要还有制举、词科和武举。

宋代的制举取士，始于宋太祖乾德二年(964年)，当年正月，宋太祖鉴于前朝

(后周)世宗所设三科(贤良方正能直言极谏、经学优深可为师法、详闲吏理达于教化)无人应考,下诏令重设此三科取士,但依然无人敢来应考,太宗时曾举行过制举考试,内容为诗赋、策、论等。宋真宗景德二年(1005年),将制举三科扩大为六科。宋仁宗天圣七年(1029年),又将六科扩为九科,以收录贤才,神宗即位以后,任用王安石为宰相,实行变法。单设进士一科,废除制举。之后,制举在北宋时而废止,时而实行。南宋高宗绍兴元年(1131年),恢复制举。因此南宋一朝百余年间,制举未被废除。

词科是宋代取士科目中专为朝廷选拔代言人才的科目,是宏词、词学兼茂和博学宏词三科的通称,于宋徽宗初年开始设置。词科考试最初是每年春季在国子监举行,宋徽宗宣和五年(1123年)规定,以后每三年开科考试一次。合格者由三省送交宰相决定录取与否。北宋王朝规定，只允许有出身的人参加词科考试，所谓“有出身”是指中过进士，以及通过太学上舍考试者。南宋时一度放宽限制，有无出身都可报考。但到南宋末年，宋理宗(1225—1264)又重新规定，必须有出身的人才可报考。词科的地位较制科低，但因为考生原来都有出身，一旦录取，其官职便可得到升迁，这对许多在职官员有很大的吸引力。南宋著名学者洪迈、吕祖谦等都曾考中词科。

宋代武举科，始于仁宗。宋仁宗天圣八年(l030年)，亲试武举十二人，先试骑射，然后试策。武举考试分三级：解试，省试和殿试。解试是各地区武举人的一种考试，考试分为弓马和兵书，一般录取七十一人左右。省试又称兵部试，由兵部主持。测验应举者的

骑射、弓马水平，测验完毕定出上中下三等，再考试墨义与策问。殿试是第三级的考试，皇帝亲自阅观武举人的弓马武艺，但注重策问，例如问武举人对财务、兵法、阵法、军屯等的看法，大多也是一种纸上谈兵。因此武举并不被人重视。直至南宋宋孝宗乾道五年(1169年)，武举殿试之后，才和文举一样赐给黄牒，同正奏名三十三人，第一名赐武举及第，其余并赐武举出身。值得注意的是，宋代的不少武举出身者往往不在军事部门工作，而转求文科出身，这是宋代扬文抑武的结果。

5.三舍法

宋初，朝廷只有一所学校即国子监。专教京官七品以上的子弟，分习五经，国子监学生称为监生。但由于这些官僚子弟待遇丰厚，并不认真读书，目的只是以此为阶梯，享受保送省试的权利。为了更好地培养人才，朝廷设立了太学，限八品以下官吏的子弟和平民中的优秀者入学。宋神宗即位后，非常重视儒学和太学教育，于是接受了王安石的建议，诏令太学实行三舍法。

三舍法规定，太学生初入为外舍生，学额不限，春秋两次考试，优秀者升为内舍生，定员三百人，经考核再升为上舍生，定员一百人。上舍生经考查、保荐不必参加科举考试直接授官。宋哲宗即位

之初，高太后听政，三舍法被废除。哲宗亲政后，又恢复了三舍法。宋徽宗时三舍法又被废除，贡举得到了全面恢复，但太学依然实行三舍法考试。从此，宋代两种考试制度并存：一是贡举制，二是太学三舍法考试制。它们互相补充，为朝廷培养了一批又一批的官吏。

（二）辽、金、元科举制度

辽、金、元三个朝代都曾采用科举选士之法，却又各具特色，虽然都从狭隘的民族利益出发，在实行科举制度过程中表现出不同程度的民族歧视，但他们结合自身统治的需要，在科举程序、贡院规制和考试内容等方面发展了唐宋科举制度，既形成了有少数民族特色的科举制度，也为明、清两代进一步完善科举取士制度提供了借鉴。

1.辽代科举

辽代前期，随着政治经济的发展、各项封建制度的确立，以选拔人才为主要目的的科举考试制度便也出现。早在辽太宗会同初年(938—946)就尝试过贡举选士。但并未制度化。直到辽圣宗统和六年(988年)下诏实行贡举考试，才标志着辽代科举考试制度的完善。

辽代科举考试最早分为乡试、府试、省试三级，后来又增加御试，实际上是四级考试。开科考试时间，初不固定，辽圣宗时大致每年一考，自辽兴宗以后约为每三年一次。考试科目内容比唐、宋简单，辽圣宗时分词赋、法律两种，以后又有所

变动，分诗赋、经义。诗赋即为进士科，经义为明经科。此外，还有茂才、学究等科目，以进士和明经两科为常科，其他为特科。考生考中后，根据成绩分甲、乙、丙三等，或称甲、乙、丙三科，其录取名额有具体规定。一般情况下，取甲科五人、乙科六人、丙科二人。决出名次后，由皇帝赐"等甲"及赐"章服"，予以褒奖。这两项活动充分显示皇帝的恩宠，故皆有隆重仪式，中选者可享受一般人难以企望的殊荣，这使得社会风气由崇武趋于尚文，参加科举考试的士人日渐增多。

辽代的科举选士对象主要是汉人(包括渤海人)，以此来安抚笼络汉族知识分子，进而达到以汉人对广大汉族居住区域实行文治的目的，这是辽统治者的开明之处。然而它又有狭隘的民族自我限定性，为使契丹人保持骁勇善战的民族传统，使其牢握兵权，永远居于统治地

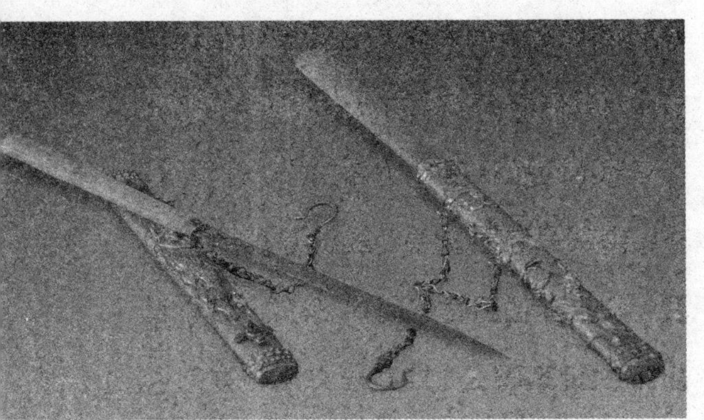

位，并不断开拓疆土，辽统治者限制、禁止契丹人参加科举。辽代到后期，才逐渐放宽这一限制，允许一些契丹族的知识分子通过科举进入仕途。

尽管辽代实行科举考试制度的时间不长，实行的范围不如唐宋各朝，其考试管理水平也不是很高。但是，不可否认，科举选士之法的使用及其对儒家文化的传播，使辽代政权结构逐渐由武治变为文治，促进了北方社会文化教育事业的发展，加速了其封建化进程。科举制度，成为辽统治者与汉人地主阶级之间的一道桥梁，促进了各族的融合，并为金代科举

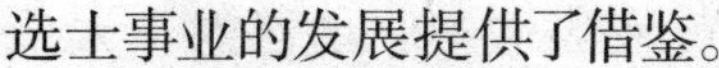

选士事业的发展提供了借鉴。

2.金代的南北选与女真进士科

金代的科举继承辽代原有科举制度，并兼采唐宋两代科举制度，又结合女真民族的利益和特点，形成了风格独特的科举考试制度。金太宗天会元年(1123年)，为安抚汉族士人，正式开科设举。这一时期的科举考试，没有规定考试的具体时间和录取的人数。北宋灭亡之后，金统治者鉴于所占领的辽和北宋地域有别，制度不同，人所习之学问亦有区别，于天会五年(1127年)下诏，允许根据南北士人所习之业分别考试、录取，称为“南北选”。所谓“南选”，即对新归附的原属

宋室控制的黄河流域中原地区的士人所开设的科举；“北选”，即对辽金统治的北方区域所开设的科举。海陵王完颜亮(1149—1161年在位)时，废除“南北选”，对科举考试作了调整，规定每三年举行一次，命题范围以五经三史的正文为限，科目有词赋、经义、策论、律科、经童及临时的制举等。其中，由考词赋、经义、策论中选者称进士；由考律科、经童中选者称举人。

金代的科举，不仅具有笼络汉族知识分子职能，而且也兼具培养和造就女真族知识分子的责任。为此还专门设立“女真进士科”，该科创于金世宗大定

十一年(1171年)，专为女真族子弟入仕所设，并单有一套比汉人容易的考卷及录取规则。女真进士科重在考试策论，用女真文字，其中选者称作“女真进士”或“策论进士”。辽代曾以不许契丹人参加科举来保留其种族“优势”，而金代却与辽大相径庭。如果说金初的“南北选”具有重北轻南倾向的话，那么女真进士科的设立便是公然宣称女真人在科举选士方面有特权。

金代的科举考试与辽相同，为四试之制(乡试、府试、会试、御试)，春三月二十日乡试，秋八月二十日府试，次年正月二十日会试，三月十二日御试。乡试于各县署举行，县令兼考官，主要考词赋和经义；考中第一名者称“乡元”(或解元);府试在大兴、大定、大同、开封、东平、京兆、辽阳、平阳、益都、太原等十处府署举行,由中央派官主考,考中第一名者称“府元”;会试在国都燕京(今北京)举行。会试第一名称“状元”,依成绩分作上、中、下三甲。会试之名始于金代,为元、明、清三代所沿用。御试在皇宫内举行,没有淘汰,考试完毕即排定名次,依次授官。

金朝统治者对科举的重视,加速了其汉化、封建化的进程。金朝科举考试范围广及经、史、百家之言,拓宽了士人的知识面。其考词赋无需严守格限,考经义没有帖经、墨义等,这给唐末以来沉闷、呆板的科举带来一缕清风。

3.元代的左右榜

元代科举制度与辽、金是一脉相承的。在吸收汉族政权科举制度优点的同时,又注重前代辽、金少数民族政权施行

科举制的经验和教训。

元朝初年，居于统治地位的蒙古贵族可以依靠世袭、奏补等特权和荐举得到相应的官职，所以非但不重视科举，反而歧视中原传统文化、歧视以儒家为代表的知识分子。随着各项规制的履行，政权建设急需完善，思想控制的任务须要加强，单纯由蒙古人出仕的官员已无法适应这些新的形势需要，选拔一批素质较高的知识分子充实官吏队伍便成为当务之急。元仁宗皇庆二年(1313年)，朝廷制定出科举考试的各项制度和章程，延

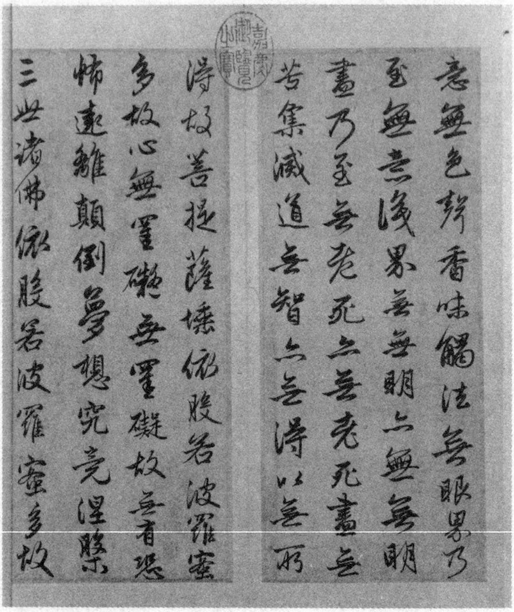

祐元年(1314年)正式实行科举取士。

元代科举每三年一次，分乡试、会试、殿试三级。乡试，即唐、宋时的乡解试。蒙古人、色目人只试经义、对策两场；汉人加试一场，为赋与杂文各一篇。乡试由各行中书省(中书省派驻地方的执行机构)主持，一般在八月下旬。全国乡试取中三百人，蒙古人、色目人、汉人、南人各取七十五人。乡试取中者，再到礼部参加会试。会试于次年二月初举行，内容跟乡试的一样，取进士百名，蒙古人、色目人、汉人、南人各占二十五名。殿试在同年三月举行，试策一道，但蒙古人、色目人的题目与汉人、南人的不同。殿试不黜落，只定名次。

殿试结果分左、右两榜公布，称之为“左右榜”。蒙古人、色目人五十名列右榜(元代以右为尊)，汉人、南人五十名列左榜。这无疑是金代科举“南北选”和女真进士科办法的延续，其目的是保护蒙古人、色目人的特权。

元代科举考试体现了严重的重蒙轻汉的民族歧视政策。对蒙古、色目考生多方优待，对汉人、南人考生却严加限制。左右两榜数量名义上相等，而汉人、南人的总数却不知比蒙古人、色目人超出多少倍。元代科举就其每届取士总数而论，比宋、金都少得多。元代乡试中选的举人仅三百人，而宋、金每届录取的进士就达四五百人；元代从举人中录取的进士仅一百人，再去掉右榜五十名，落到汉人、南人头上的简直少得可怜。而且就是这区区百名进士，实际上几乎从未取足额。从元仁宗延祐二年(1315年)到元朝灭亡的五十二年间，共举行十六届科举，仅元顺帝元统元年(1333年)一届取足百名进士，其余十五届均有空缺。元代科举名额经常空缺的原因，并不是汉人、南人缺乏合格的人选；只是因为蒙古人、色目人考生中实在难以选满一百五十个乡试名额及五十个进士名额，于是便让汉人、南

人的乡试、会试空缺同样的名额，以维持四等人人选数量的均衡，防止汉人、南人占有科举优势。蒙古、色目考生的试题难度低，考试也少一场，被授予的官职却比汉人、南人的高，而且蒙古、色目考生愿试汉人、南人科目的，中选者还加一等授官。

汉人、南人即使中进士入官之后，其政治前途也极为有限，例如元顺帝至正八年(1348年)，王宗哲在乡试、会试、殿试皆名列第一，成为元代唯一“连中三元”的进士，这种人在宋代没有不迅速飞黄腾达登上首辅大臣之位的，然而王宗哲在元代官场中却碌碌不见称道，《元史》中连他的传记都没有。

（三）程朱理学在科举中地位的确立

元代科举的规模与地位虽远不能同两宋相比，它对于中国封建社会后期的学术文化的影响却是深远的。元代首先把新儒学——程朱理学定为科举取士的标准，从而最终确立了程朱理学在中国封建社会后期的思想、政治领域的统治地位。

理学在中国古代又称义理之学或道学，其创始人为北宋的周敦颐、邵雍及张载。之后由程颢和程颐等人继续发展，最终由南宋朱熹集其大成，因此理学常被称为“程朱理学”，但在两宋大部分时间它并不是统治哲学，到南宋末年宋理宗

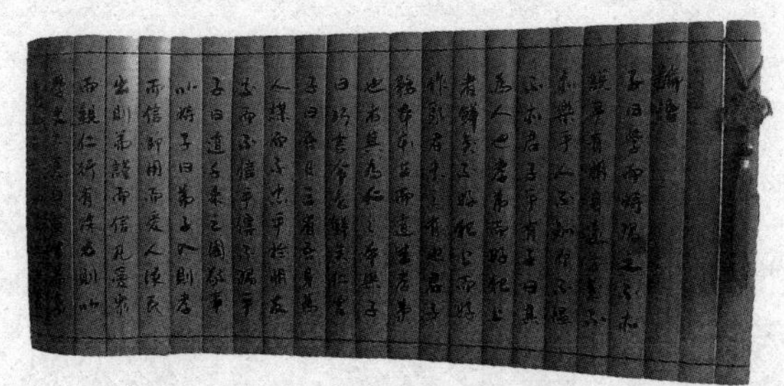

时，“四书”(《大学》《中庸》《论语》《孟子》)才被立为官学。至金、宋之末，南北士大夫基本上理学化了。由金宋入元的名儒窦默、赵复、姚枢、许衡、吴澄等人，都是理学大师，他们侍奉在元世祖忽必烈左右，给他以很大影响。到元仁宗时，他也同样受程朱之学的熏陶。因此，元代科举恢复，理学很自然地被定为“一尊”，成为国家的统治思想。

元代科举第一场蒙古人、色目人考经问五条，汉人、南人考明经经疑二问，都从朱熹所列定的“四书”中出题，规定考生必须遵循朱熹《章句集注》的注疏。

元代科举定程朱为“一尊”的改革，为明、清两朝所承袭，其严密、僵死愈加严重，在六百年之久的漫长过程中，对后期封建社会的文化产生不可估量的但又主要是消极的深远影响。

四、科举制度的鼎盛和终结

元朝灭亡后，明王朝建立，科举制进入了它的鼎盛时期。发展至清朝，形成一个层次、等级、条规名目繁多，且苛刻严格的体系。明洪武十七年(1384年)，颁布《科举成式》，基本制定了明代以后二百五十多年的科举成文法规。清兵于顺治元年(1644年)入关，顺治三年(1646年)举行首届科举，大体照搬明代成例。此后二百五十多年间也无大的变化，明、清科举一脉相承，延续达五百多年。

(一) 科举制度的鼎盛

明、清两代进一步地完善和发展了科举制度，使其高度定型化、程式化，最终达到鼎盛时期，并且完全成为取士之正途。宋代确立了三级科举考试制度，而明、清科举考试有童试、院试、乡试、会试、殿试等五级。

1.明、清时期的童试、院试、乡试、会试、殿试

童试：它是明、清两代最初级的地方县、府考试，也叫小考或小试。它是取得生员资格的入学考试，也可以看做是科举前的预备性考试。包括县、府两次考试，县试多在二月举行，府试多在四月份举行，通过者称为童生(凡未取得秀才资格的，不论年长年幼一律称童生)。但很多读书人，像《儒林外史》所描绘的周进、

范进一样，考到须发皆白仍是一介童生，因为他们一直通不过竞争更激烈的“院试”。

院试：是国家科举考试的最初一级，在府城或直属省的州治所举行。院试之制正式确立是在明英宗正统元年(1436年)。当时，朝廷专设负责省级考选和教育的官员“提调学校官”。该职在南京、北京两京称为“学院”，因而称学院主持的考试为“院试”，并推及各省。各省主持学政的称“提学道”，简称“学道”，后统称学政、学台、宗师，任期为三年。在任期间要依次到所管辖的各府、直隶州主持院试。学政亲临考场，叫做“案临”。《儒林外史》中常有“某年宗师案临”之说，就是指学政主持院试。

院试包括岁试和科试两种考试。岁

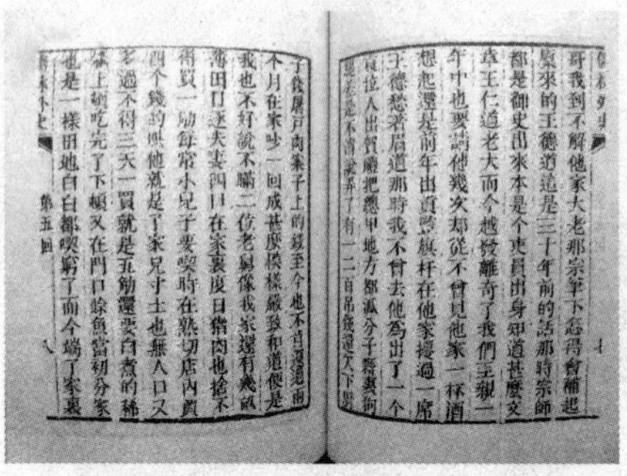

试的基本任务有二：一是从童生中选出秀才，二是对原有的生员(即秀才)进行甄别考试，按照成绩优劣分别给予奖惩。《儒林外史》第三回说周学道“先考了两场生员。第三场是南海、番禺两县童生”。这前两场便是甄别秀才的考试，后一场则是从童生中考取秀才。童生通过岁试，录取后称为生员(第一名叫案首)，俗称秀才或相公。只要考取生员，就算是“进学”了，即成为国家的学生，同时脱离平民阶层，成为“士”了。清顺治九年(1652年)发布的“训士规条”规定，生员享受免丁粮(免役税)、食廪(国家供给衣食)、政治司法特权(官员对生员要以礼相待，生员见官不必下跪，生员犯法地方官须先报才能处理，不得像对一般百姓一样施用刑罚）。这三大特权是很吸引人的。因此，一般的人家无不竭力培养子弟读书，不求中举人、进士，至少也指望家门出个秀才。《儒林外史》第三回写到范进中秀才以后，他的老丈人胡屠户吩咐他说："你如今中了相公，凡事要立起个体统来……若是家门口这些做田的，扒粪的，不过是平头百姓。你若同他们拱手作揖、平起平坐，就是坏了学校规矩，连我脸上都无光了。"

乡试：又称为“大比”，是在两京(南京和北京)及各省省城举行的考试。每三年一次，逢子、午、卯、酉年举行，又叫“乡闱”。考期多在秋季八月，所以又称“秋闱”。凡本省科举生员与监生均可应考。乡试的正副主考官一般由皇帝任命在京的翰林及进士出身的部院官充任。考试分三场，分别在八月初九日、十二日和十五日。考试有正规的考场，叫做贡院。贡院内建有一排排的号房，为考生住宿、答题之所。

乡试考中的称举人，俗称孝廉，第一名称解元，第二名至第十名称亚元。唐寅乡试第一，故称唐解元。乡试榜，明、清时称为“乙榜”，也称“乙科”，同时乡试发榜之时在九月，正值桂花飘香，所以又称乡试榜为“桂榜”。考中了举人，不仅可以参加全国性的会试，就是会试未能取中，也具备了做官的资格。可以说乡试是明、清两代士子参加科举最重要的也是最艰巨的一关。在清朝，除了按正常规

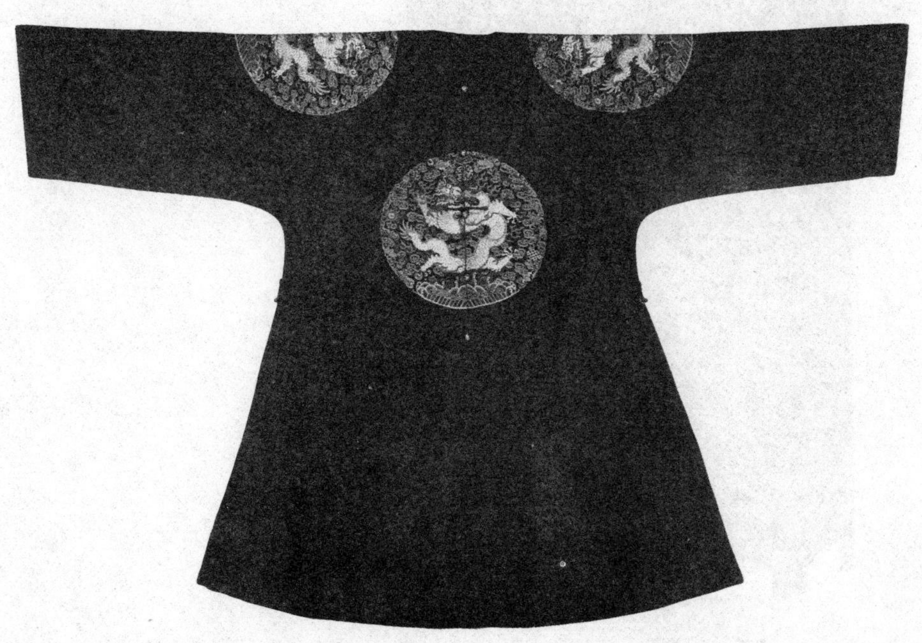

制举行的乡试外，每逢遇到皇帝万寿（生日）、登基等庆典时，还额外有加科乡试，叫做恩科。

明、清乡试录取举人名额均由中央规定下达，各省按人口、物产、财赋多少分别为数十名到一百数十名不等，全国录取总额为1000—1300人。清代人口大大超过明代，但录取名额只略超过明代。

会试：是由礼部主持的全国考试，

真抑愧周臣
癸巳季秋下澣
御題

圖微余詩余觀此圖置景空闊無
宣德六年秋七月上吉尚素老人識
上雲生春雨後樹
花落午風餘道
人兀坐碧溪石下有
流泉應讀書 沈周

又称“礼闱”。在乡试的第二年(即丑、辰、未、戌年)的二月举行，故又称“春闱”。地点在京城的贡院。会试也分三场，分别在二月初九、十二、十五日举行。由于会试是较高一级的考试，因此主副考以及提调等官，都由较高级的官员担任。在明朝主考官多以翰林官充当，明末又多以内阁大学士担任。清朝时称主考官为大总裁，由内阁大学士或六部尚书充任。

会试被录取的人，称为贡士，俗称出贡，别称明经，第一名叫会元。会试发榜时，往往正值杏花开放，所以又称为“杏榜”。清朝新录取的贡士，在殿试之前，往往还需进行一次复试。复试结果，按成绩分为一、二、三等，这个等级对于以后授予官职有重要关系。

会试发榜后，皇帝赐“恩荣宴”于礼

部，招待新贡士及诸位考官。明、清会试“正榜”以外一般还有“副榜”，录入副榜的举人虽不算贡士，但可被授予学校教官或其他较低级官职，或吸收入国子监为“监生”，获得国家一定的俸禄，而监生也不一定真的留在京师学习。

殿试：这是明、清科举的最后一级考试。明代殿试考场设在奉大殿或文华殿。清初在天安门外，后来改在太和殿的东西石阶下。乾隆以后改在保和殿。殿试的时间，明初规定是在会试当年的三月初一，从明宪宗成化八年(1472年)起，改为三月十五日。乾隆以后，殿试大都固定在四月二十一日举行。

殿试名义上由皇帝亲自主持。此外还要任命阅卷大臣、读卷大臣，协助皇帝评阅试卷。明、清两朝都只考策问一场。殿试结束后，次日读卷，第三日放榜。

明、清殿试结果亦按宋朝之制，一律不黜落，只排名次。录取分三甲：一甲三名，赐进士及第，第一名称状元、鼎元，第二名称榜眼，第三名称探花，合称三鼎甲。二甲赐进士出身，三甲赐同进士出身。二、三甲第一名皆称传胪。一、二、三甲通称进士。进士榜称“甲榜”，或称“甲科”。进士榜用黄纸书写，故叫黄甲，也称金榜，中进士称金榜题名。

此后，进入封官任用阶段。一甲的三名进士在殿试后立即授官职。一般是状元授翰林院修撰，榜眼、探花授翰林院编修。其余进士往往还要进行一次考

试，清朝称为“馆选”或“朝考”，然后结合殿试名次，分别授予官职，优者也可进入翰林院。明代入翰林院的进士任“庶吉士”(即处理日常政务之官)。自明朝英宗起，逐渐形成“非进士不入翰林，非翰林不入内阁”的惯例。明代宰辅大臣一百七十余人，翰林庶吉士出身者占十分之九。清承明制，亦特重翰林，甚至连他们谒见交往用的名片字都写得特别大。明、清两代凡是通过乙榜中举人，再通过甲榜中进士而做官的人，叫做“两榜出身”或“科甲出身”。是最正牌、最响亮的

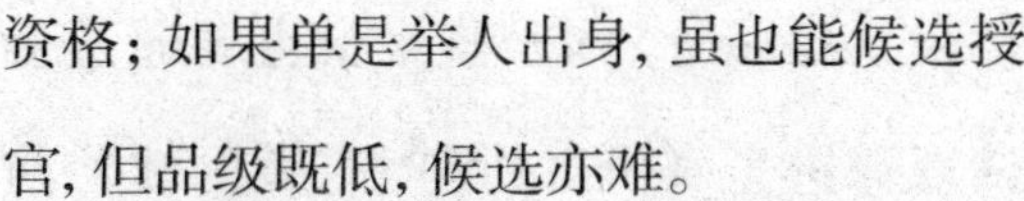

资格；如果单是举人出身，虽也能候选授官，但品级既低，候选亦难。

2.贡生和监生

明、清以前，学校只是为科举输送考生的途径之一。而明、清两代都实行“科举必由学校”之制。参加科考的士人，必须是官办学校的生员；地方学校的优秀生员，可被选送到京师国子监读书，称为贡生。国子监生员可直接选授官职。特别是明初，国子监生员作为官员来源，其人数甚至一度超过科举，但随着科举制度的发展，监生直接做官的机会越来越少，国子监也渐渐跟各地方学校一样，成为

科举预备场所。国子监生员也要通过会试取得进士身份，才可望有大的政治前途。但终明、清之世，监生一直有被选授官职的可能。所以，一般生员入国子监的积极性很高，明、清时被选入国子监的生员主要有以下几种：

岁贡：地方学校按年向国子监“贡送”数名生员。开始数量不定，明孝宗

(1488—1505)、世宗(1522—1566)时规定县学每年贡送一人，府学每年贡送两人，州学每两年贡送三人，以后遂为定制。清初沿用明制。行之既久，地方学校常将生员论资排辈按年贡出，俗称“挨贡”，实际上是对那些久不中举人的老资格生员的照顾。“挨贡”一般至少要十年。

选贡：由于岁贡论资排辈，许多有才

华的生员都不能及时被选，于是明孝宗时又在岁贡之外另行考选学行兼优、年富力强、累试优等的生员，这种选拔称为“选贡”。

优贡：清代时设置，相当于明代的选贡。每三年一次，由学政从生员中考选优秀的人入国子监学习，称为优员。但学政考取后，还要到京城进行廷试，合格后方予认可。

副贡：在各省乡试中未能考中举人但成绩较优异者，另录入“副榜”。选取副榜生员入贡国子监，称“副贡”。

恩贡：国家遇有庆典或皇帝登基、诞辰时增加名额，称为“恩贡”。

明、清时代入国子监学习的，通称监生。监生大体有以下几种：以举人身份入国子监读书的称为“举监”，生员入国子

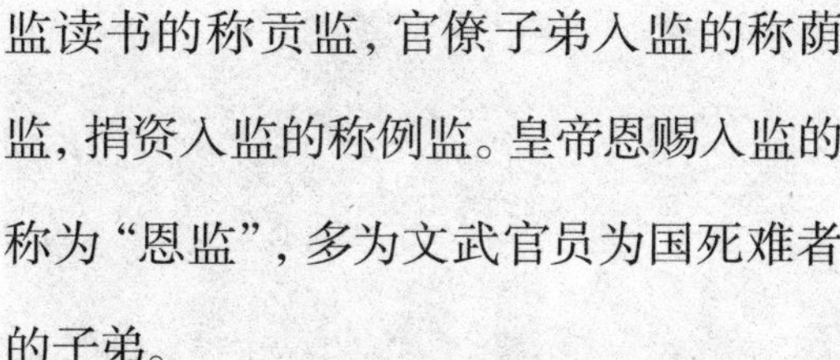

监读书的称贡监，官僚子弟入监的称荫监，捐资入监的称例监。皇帝恩赐入监的称为“恩监”，多为文武官员为国死难者的子弟。

3.鹿鸣宴、琼林宴

明、清科举中，乡试中举者，省总督、巡抚要礼请他们赴“鹿鸣宴”。会试、殿试后，礼部要礼请全部中试进士赴“琼林宴”。所谓“鹿鸣宴”，始于唐代，当时乡贡考试后，州县长官要宴请中举者，宴会上要歌《诗·小雅·鹿鸣》，因而得名。明、清时期也沿用之，歌《鹿鸣》，跳魁星舞。起初菜肴丰盛，后渐至只有清酒一

杯，徒具形式而已。

“琼林宴”源于宋代，宋徽宗政和二年(1112年)前，每科新进士都要被邀请到琼林苑(汴京城西的名苑)赴宴，元代以后虽不再在琼林苑设宴，但一直习惯地把宴请新科进士之宴称为“琼林宴”。

4.连中三元、进士题名碑

中国古代科举考试中乡试中解元，会试中会元，殿试中状元，一身兼有解元、会元、状元的，称为“连中三元”。这是人生金榜题名中的最高境界，是每一位读书人的梦想，但这种机遇太少了。明、清两代一共产生过二百位状元，明代八十八位，清代一百一十二位，仅有三位是“连中三元”的幸运儿。他们是：明正统十年(1445年)乙丑科状元商辂，浙江淳安人。清乾隆四十六年(1781年)辛丑科状元钱棨，江南(江苏)人。清嘉庆二十五年(1820年)庚辰科状元陈继吕也是连中三元。

进士题名碑就是将金榜题名的进士之名刻于碑上而成。最早见于唐代雁塔题名，据说韦肇及第，偶尔题名寺塔，于是后人相继仿效，借以光宗耀祖。明、清两代每科都要刻“进士题名碑”，立于北

京国子监内，至今仍完好地保留着。在洁白如玉的石碑上，人们会找到一个又一个熟悉的名字，如林则徐、曾国藩、李鸿章、翁同龢、康有为等。清光绪三十年最后一科的进士题名碑上，第二甲进士名刻有“沈钧儒，浙江秀水人”字样（沈钧儒先生是著名的爱国人士，解放后曾任最高人民法院院长、人大常委会副委员长等职）。

5.南北榜案与南北取士

明初，会试取士，不分南北。明洪武三十年(1397年)春会试，以翰林学士刘三吾、白信蹈为考试官，取录五十一名，是为春榜。因所录五十一名全系南方人，故又称南榜。北方举人全部落选为历科所不见。这引起北方举人的强烈不满，因此联名上疏指责主考官刘三吾包庇南方人。明太祖朱元璋命人于落第试卷中再择卷复阅，增录北方人入仕。但经复阅后上呈的试卷文理不佳，并有犯禁忌之语。

结果认为刘三吾并未舞弊违法，原榜维持不变。北方举人不服，上告说刘三吾、白信蹈等人故意以陋卷进呈，肆行欺骗。朱元璋大怒，对考试官严加治罪，处死白信蹈等人，刘三吾时年已85岁，以年老免死，革职充军。六月，朱元璋亲自策问，取录六十一名，是为夏榜。因所录六十一人全系北方人，故又称北榜。因此，历史上把这次充满血腥的科举考试事件称为“南北榜”案，又称“春夏榜”之争。此事件开明朝分南北取士之先例，明仁宗洪熙元年(1425年)制定了南北录取名额，南人占五分之三，北人占五分之二。以后，虽然比例有一些变化，但“分地而取”的原则却没有改变。清代承袭明制，始终执行南北分省取进士的办法。

6.八股文

提到明、清科举，一般人最熟悉的就是八股文，但与历史上的诗、赋、论等科举文体比较，人们最不熟悉的也是八股文。今天很少有人读过八股文原作。因为八股文的唯一用途就是考科举，此外绝无其他实用价值。但八股文在明、清时是非常重要的，它关系到一个人能不能科举考试中进士升官。所以当时有小说说道："当今天子重文章，足下何须讲汉唐。""汉"是指汉代的文章，"唐"指的是唐诗，汉代的文章也好，唐代的诗歌也好，都不如当今皇帝所看重的八股文，由此可以看出八股文在当时是非常重要的。所以当时的人们都一门心思地扑在

八股文上，只有八股文章才能敲开科举考试的大门。

八股文，是明、清两代专门用于科举考试的一种特殊文体，称为制义，又称制艺、时文、八比文。这种文体，专取“四书”及《易》《书》《诗》《春秋》《礼记》“五经”命题，并且以朱熹的注释为标准。由于题目的来源不同，分别被称为“四书”文和“五经”文。八股文到底起于何时，尚无定论。《明史》说是朱元璋和刘基订立的，顾炎武则说始于明代成化年间(1465—1487)，还有人认为起源于北宋。总之八股文的确不是一种故意创立的文体，其形成过程很长，大约定型于明代中叶。

八股文有固定的格式，每篇由“破题”“承题”“起讲”“入手”“起股”“中股”“后股”“束股”八个固定段落组成。“破题”，规定用两句点明题意，“破题”的基础是“认题”，即理解题意。承题是

进一步阐明破题的意旨，起到补充阐发主题的作用。“起讲”又称“小讲”“原起”，必须紧扣程朱的集注等内容，模仿以古人的语气，代圣贤立言。“入手”又称“入题”“领上”“领题”“落题”“提笔”，用三、四句引入本题。

入手之后就是文章的主要部分了，包括起股、中股、后股和束股四个部分。这四个部分中各有两股，两股的文字繁简，声调缓急，都要对仗成文，合称八股，八股文的名称就是由此而来的。

“起股”又称“起比”“提比”“提股”“前股”“起二比”等。用四、五句或七、八句排比文字开始发表议论，要提起全篇的气势。起股以后用一、二或三、四句将全题点出，称为“出题”，“出题”之后是“中股”。“中股”又称“中比”“中二比”，字数多少没规定，可以比起股略长，也可以比起股略短，它是全篇文字的重心，要充分展开议论，将题目的主旨说透。如果出题未将全题点出，中股之后仍应用出题将全题点出，如出题已将全题点出，则这里就不必再出题了。“后股”

又称“后比”“后二比”“后二大比”，句式长短不固定，一般是中股长则后股短，中股短则后股长。这一股要将中股所没有完全阐发出来的意思说明白，是全篇文字中最重要的部分。清代曾一度把中、后股合一，叫做“大股”，使八股简化为六股，这样，评判文章优劣，主要看大股。“束股”又称“束比”“束二小比”。用来阐发前文所没有阐发完全的意思，呼应前文揭示全篇主旨。束股可以放在起股或中股之后，也可以省略。

八股文除在格式方面有严格规定

外，在字数方面也有限制，明洪武三年（1370年）规定“四书”义限300字，“五经”义限500字；明洪武十七年（1384年）又规定“四书”每道200字以上，“五经”每道300字以上，都没有规定上限。清初，头场限550字，清康熙二十年（1681年）增加了一百多字。乾隆之后，都限制在700字内。

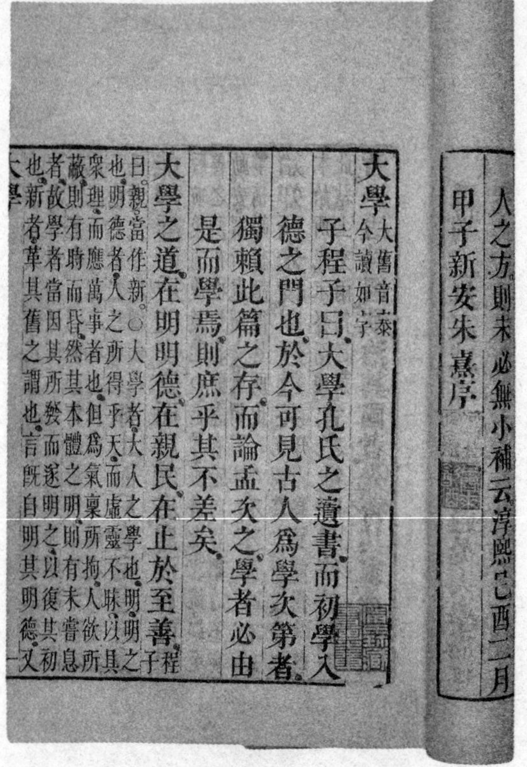
人之方，則未必無小補云淳熙己酉二月
甲子新安朱熹序

大學 大舊音泰，今讀如字。
子程子曰：大學，孔氏之遺書，而初學入德之門也。於今可見古人爲學次第者，獨賴此篇之存，而論孟次之。學者必由是而學焉，則庶乎其不差矣。
大學之道，在明明德，在親民，在止於至善。程子曰：親，當作新。○大學者，大人之學也。明，明之也。明德者，人之所得乎天，而虛靈不昧，以具衆理而應萬事者也。但爲氣稟所拘，人欲所蔽，則有時而昏；然其本體之明，則有未嘗息者。故學者當因其所發而遂明之，以復其初也。新者，革其舊之謂也，言既自明其明德，又
大學

八股文的题目出自“四书”，而“四书”全文不过几万字，明、清科举考了几百年，凡属完整的章、节、句无不反复考尽，于是考官挖空心思，将完整的句子截头去尾地出作题目，或将几句互不相连、内容无关的话捏在一起出题，谓之“搭截题”。这都是内容狭隘的考试长期持续的

必然结果。

八股文是中国封建社会趋于没落时期的产物，虽然对于考生写作能力和逻辑思维能力等方面的考查较之其他形式要更加有利，使科举考试更加规范化，但它带来的更多是消极作用，不仅对明、清两代的文风产生了极坏的影响，而且也对全国各级各类学校教育、学术研究等产生了很坏的影响，导致了学校教育的空疏，实学的被忽视，学术研究日益衰微。更重要的是，它是为统治阶级推行文化专制主义服务的工具。它使人民的思想僵化，严重窒息人民的创造精神，对桎梏人民的思想维护封建统治起了暴力镇压所不能起的作用。

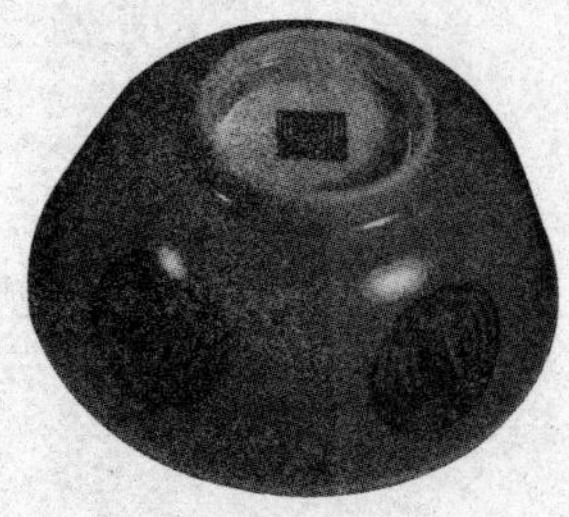

7.文字狱

文字狱根源是"为尊者讳"。就是提到尊贵的，有权势之人，你就不能直呼其名了，你就得避讳。后来甚至发展到对同音字的限制，也就是与尊贵有权势的人姓名同音的字，普通老百姓也得用其他同义字来代替。其中有名的比如东汉的刘秀的"秀"字，为了避讳，所以那时的秀才不能叫秀才，得称"茂才"。明、清之时，君主的绝对专制不仅在政治上登峰造极，而且还形成了一个以文字狱为标志的思想文化界的黑暗时期。

明初的文字之祸多与朱元璋对僚臣的猜忌、多疑有关。明文字狱始见于洪武七年(1374年)。苏州知府魏观将新府衙建于张士诚宫殿旧址，高启作《上梁文》中又有"龙盘虎踞"四字，因此触犯明太祖朱元璋忌讳而被杀。又如杭州府学教授徐一夔在贺表中有"光天之下，天生圣人，为世作则"的颂扬文字，朱元璋看后却大怒说："光是剃发，说我是秃子，生者，僧也，骂我当过和尚，则音近贼，骂我做过贼。"立即诛杀徐一夔。此后，群臣奏章文稿中凡有生、光、则等字样者，即予诛杀。明初文字狱贯穿洪武一朝，是明太祖朱元璋为推行文化专制统治所采取的极端手段，并为后世封建统治者所效法。

清代，在康、雍、乾三朝的百余年间，文字狱多达上百起，而且愈演愈烈。清代前期文字狱大致有以下三种情况：一是清先世曾臣服于明朝，受官袭爵，闻命即从。入主中原之后，清廷对此段史事讳莫如深，因此，不仅将旧有史籍刊削、禁毁，而且对继续编写乃至收藏者，则以"大逆"之罪加以诛戮。二是清初反清思想久久不能消除，尤其是汉族士大夫眷恋故明，宣扬"夷夏之防"一类思想，对巩固清廷统治极为不利。为了强化满洲贵族的封建专制统治，对反清思想就势必要用暴力加以打击。三是康雍之际，清皇族中权力斗争空前激化，史称夺嫡之争。雍正帝即位之后，为了巩固已得的胜利，除杀戮夺嫡诸王外，不惜借助文字狱来打击“党附诸王”的势力。此外，尚有皇帝滥施专制淫威而出现的文字狱。在文字狱浪潮中表现得最为癫狂的人物

是乾隆皇帝。如清乾隆二十年（1755年）的胡中藻诗狱。内阁大学士胡中藻所著《坚磨生诗抄》中有诗句“一把心肠论浊清”，乾隆认为他故意把“浊”字加在“清”字上，居心叵测，随即把胡中藻处死。广西巡抚满族人鄂昌跟胡中藻作诗唱和，在《塞上吟》一诗中称蒙古人为“胡儿”，乾隆认为鄂昌自己就是胡儿，诋毁同类，丧心病狂，下令命其自杀。

文字狱是巩固封建专制统治的政治措施。它极大地桎梏了学术思想的发展，助长了阿谀奉承、诬告陷害之风，是历史发展中的浊流。到清乾隆末叶，一方面清廷已经通过文字狱达到了预期目的，另一方面，隐伏着的社会危机日益加剧，清代统治者面临着比反清思想更为严重的社会问题，文字狱遂趋于平息。

（二）科举制度的终结

实行了千余年的科举制度，它的种种弊端在清代暴露无遗。鸦片战争前，著名思想家龚自珍写下了《病梅馆记》和《已

亥杂诗》。在《病梅馆记》中，作者抨击了封建统治者对人才的摧残。在《己亥杂诗》中，更是大声疾呼，要求改变“万马齐喑”的局面：“九州生气恃风雷，万马齐喑究可哀。我劝天公重抖擞，不拘一格降人才。”鸦片战争以后，传统中国在西方的“坚船利炮”下迈出了走向近代化的沉重步伐，以科举为核心的中国古代选举制度受到极大挑战，在不少率先“睁眼看世界”的有识之士的批评声中，清代统治者曾试图改革科举制度，却已无力回天。

在甲午中日战争中，清朝惨败，随后签订的《马关条约》震惊朝野上下。封建

士大夫中的有识之士和资产阶级改良派发起了维新变法运动，千百年来束缚人们思想的科举制度随即成为众矢之的，被群起而攻之。其中，康有为和梁启超可称为反封建科举制度的先锋人物。1901年，八国联军侵占北京，胁迫清政府签订《辛丑条约》。此时，清朝已处于行将崩溃的四面楚歌中，为了延缓灭亡，清政府采取各种措施以进行最后挣扎，正式废除科举制，便是其中之一。1905年8月，清德宗光绪皇帝接受了袁世凯、张之洞等朝臣关于"请立停科举，以广学校"的建议，并下旨正式宣布："自丙午(光绪三十二年，1906年)科为始，所有乡、会试一律停止，各省岁科考试亦即停止。"至此，自隋以来实行了一千三百年的科举制度终于走向了终结，退出了历史舞台。